普段の暮らしの中で
本当の文化を感じよう。

暮し・人

　ベトナムは車が主流ではなく、バイクが生活の基盤になっていることが大きな特徴です。また、街中にはいたるところに屋台がならび、活気に満ちています。日本との生活様式のギャップに大きな刺激を与えてくれることでしょう。

街歩き。
それは知らない世界への
入口。

街並

　貴重な世界遺産や伝統文化とモダンが融合したおしゃれな街並みは、新しさの中にもほっとできる懐かしさを感じさせ、どこを切り取っても絵になり、まるでタイムスリップをしたよう。きっと、新しいベトナム観を訪れる人に与えてくれることでしょう。

ここで体感する
ひとつひとつが
リラクゼーション。

癒

　普段から「やってみたい!けれどなかなか踏み出せない。」そう思っていることをここ、ダナンでチャレンジしてみませんか?日本という枠を飛び越え、異文化に触れることで、自分も知らない新しい自分に出会えるかも。

ダナン市街地エリア

ダナン市民の台所として活気
お洒落なアジアンテイスト香
その2つの顔が混在する市街

れる2つの市場
しいダナンの色
リア

POINT

パステルピンクが印象的な地元信者が集うダナン大聖堂

　ダナン大聖堂のてっぺんには鶏の像があることから現地の人に「鶏教会」の愛称で呼ばれており、キリスト教徒がミサのために集まったり、人通りが多く、観光客にとっても人気スポットです。聖堂内には神秘的で色鮮やかなステンドグラスなどが装飾され、見る者を魅了してくれます。大聖堂やステンドグラスといったフォトジェニックな建物の前で記念撮影などをしてみてはいかがでしょうか。

▲ダナン駅
改札が狭かったりと利用にはいくつか問題点がありますが、入口にはスロープがありフラットな床なので、車椅子ユーザーでも少しの工夫で利用は十分可能です。

04

近隣から持ち込まれる食材から 日用雑貨まで、全てがここで揃う2つのエネルギッシュな市場

東南アジアの独特な雰囲気が感じられ、決して日本では味わえない異国の空気が流れています。「ベトナムの文化やベトナムの生活を覗いてみたい!」そんな方におすすめの場所です。2つの市場は比較的近い場所にあるため、この機会に両方の市場を訪れてみてはいかがですか?

コン市場

新鮮な野菜はいかが?
色々取り揃えているよ!

ダナンの街の中でも一際活気に溢れている場所で、現地の人のリアルな生活を垣間見ることができます。ハン市場と比べると市民の生活により密着しているため、ローカル色が濃い市場です。散策するだけで、その地の文化や風習に触れることができます。

道が狭いので
気を付けて
楽しんでみてよね

▲品物が多く、道が狭いため車椅子での移動は困難ですが、現地の人が手助けをしてくれます。

▲その時期に合わせた色鮮やかな旬の野菜や果物が沢山販売されています。

05

ハン市場

どれにしようかね？迷うわね！

ハン市場は様々な色彩豊かなアイテムが山積みされ、賑やかな声が飛び交い、現地の人のエネルギッシュな暮らしを全身で感じることができます。主に、食料品、雑貨、衣類、サンダルなど何でも揃っています。市場内だけでなく、外にもお店が広がっているので覗いてみてはいかがでしょうか。

計り売りの商品も豊富です。

◀ 市場では穀類や豆類も販売しています。ベトナムではコショウにも力を入れています。

▲ ベトナムマスク
ベトナム人がバイクに乗る時につけている洗濯可能なカラフルなマスク。ベトナムでは必須のアイテムです。

06

キュートでPOPなベトナムグッズたち

フェバチョコレート
大人気！お土産と言ったらこのお店☆カラフルなパッケージがとてもおしゃれです。オリジナルフレーバーが揃っており、好きな箱にチョコを詰める買い方が楽しいです。

カゴバック
アジアンテイストで縫製もしっかりしており、日本でもおしゃれアイテムとして使える可愛いデザインばかり。そんな女性の目を輝かせるキュートなバックが、ダナンにたくさんあります。

刺繍のバック
ベトナムの王族の衣裳装飾職人の技術と、フランス統治時代のヨーロッパ刺繍の影響を受けた洗練された柄が魅力です。

刺繍の巾着
可愛らしい刺繍が入っている巾着袋。巾着や刺繍の色の組み合わせは1つ1つ異なるため、自分のお気に入りを見つけられるはずです！

グルメもとってもスパイシー！！

ダナンの有名な食べ物、ミークアンやフォーの他にも隠れたグルメが沢山あります。その一部をここで紹介していきます。

◀ **ボネー**
現地の学生おすすめの朝ごはん！黄身を割った目玉焼きにソースと肉汁をかけ、バケットに浸して食べると美味しいです。

◀ **ベトナム風お好み焼き**

アボカドアイス ▶
アボカドとバニラの絶妙な組み合わせ。トッピングのココナッツチップの食感も楽しいです。

野菜も入ってとってもヘルシー

市街地に隣接する
2つのビーチエリア

南シナ海の潮風が
心地いい…
ダナンを代表する
2つの人気ビーチ

POINT

素足で感じる海。肌で感じる潮風。思いっきりリゾート！！

ミーケビーチ

▲ 車いすユーザーがビーチ沿い遊歩道からそのまま砂浜に入れるよう、簡易的な道が整備されています。ビーチによっては道ではなくスロープが設置されているところもあります。

ビーチを眺めながら気軽にストレッチ！

きめの細かい砂浜に透明度の高い海が広がる、観光客に人気のビーチです。ビーチ沿いには大きくてフラットな遊歩道があり、散歩やサイクリングなど海に入らなくても楽しむことができます。また、すぐ近くには高級ホテルや海鮮の料理店が多く連ねています。

◀ ビーチ横の遊歩道にあるカフェでは、南国フルーツをふんだんに使ったココヤシの実をそのまま容器にしたジュースや、軽食としてベトナムの一品料理を気軽に堪能できます。

海を眺めながら一息、海風がとても心地いい！

◀ カウンター席や、テーブル席があるため、お好みの場所でゆっくり過ごすことができます。

テーブルで軽食もおすすめ！この開放感は最高！！

ビーチと道を挟んですぐの所には、新鮮な海鮮を使ったレストランが多く並んでいます。▶

10

ファムバンドンビーチ

波が穏やかなため、子供連れでも楽しむことができ、ビーチチェアなど多く設置されているので、ゆったりとした時間を過ごせます。美しいビーチとその風景はウェディングフォトのスポットとしても人気が高いです。さらにビーチに面した公園では、時期によって様々なイベントも行われます。

▲ ビーチで体を動かしたいという方も楽しめるマリンスポーツもたくさん。パラセーリングやジェットスキー、バナナボートなど存分にダナンの海を満喫できます。

▼パイナップルジュース

とってもトロピカル！

ホイアン

昼と夜、2つの表情を
秘めるホイアン
エキゾチックな時間に
さぁ迷い込もう

POINT

▶床屋
築100年以上が経過している建物で営業されている床屋です。勇気を出して、この古めかしいレトロ感たっぷりの床屋で、散髪にトライしてみてはいかがですか?

お好みのヘアスタイルになりますよ!

暮しの中でホイアンの人たちの息づかいを感じてみよう

▲ランタンのお店
「ホイアンと言えばランタン」と言うほど有名で、お土産としても人気が高いです。ホイアンの至る所で販売され、この職人の手作りのランタンは、夜になると幻想的な光を放ち街を彩ります。

◀ 洋服屋さん
カラフルな洋服たちが店頭に立ち並ぶ洋服屋さんです。民族衣裳の「アオザイ」をオーダーメイドで作れるお店もあります。自分のお気に入りの一着を作ってみるのもいいですね。

ホイアンには昼と夜の二つの顔があり、一日中楽しむことができます。

昼のホイアンは黄色が特徴の似たような建物が軒を連ねており、ホイアンの街並みを楽しむことができます。

夜のホイアンは昼とは打って変わって、街中にあるランタンに明かりが灯り、色鮮やかな街並みへと変化します。

お土産に一ついかが？

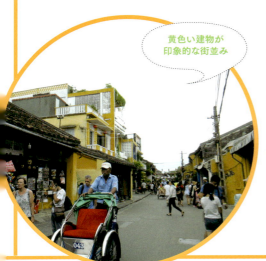

黄色い建物が印象的な街並み

14

無心になって土に触れるアートな時間

ホ イアンの陶器の村では、よりローカルで、昔ながらの陶器作りを楽しむことができます。いい土が取れることから焼き物が発展したという背景もあります。足でろくろを蹴って回し、その上で形を整えます。慣れた日本での生活の視点を変えるきっかけにもなりそうです。

簡単そうにみえて、意外と難しいかも・・・！

気に入ったものはある？？
ゆっくり探してみてね！！

◀ **手作りの笛**
陶器の村（タンハー村）では笛づくりが体験できます。猫や金魚など4種類の中から選択します。ゆっくり丁寧に教えて下さるので、不器用な方でも気軽にチャレンジできます！

▲お面
ホイアンの路地や小窓を覗くと、現地の生活や文化を垣間見ることができます。このお面は日本の狂言で使用されるお面にどこか似ており、日本とベトナムの親交が伺えます。

▼完成した陶器
職人の手によって完成した陶器は乾燥させて薬を塗り、素焼きをして完成させます。陶器作りを体験する際は、体験の対価としてお店の商品を購入することがマナーです。

原材料は現地の粘土です

ダナンの大地・水が育む野菜に出会う

チャークエ村はやさい村とも呼ばれる無農薬野菜を栽培する村です。この村で栽培される様々なハーブや野菜はレストランなどに提供され、ベトナムの食卓には欠かせない食材です。この村では苗植えや水やり、料理教室を体験できる他、レストランで新鮮な野菜を食べることもできます。

ダナン博物館

ベトナム戦争の悲惨で壮絶な歴史と正面から向き合う

POINT

（戦争当時アメリカ軍が使用しました。）

▲敷地内にあるヘリコプター

展示品一つひとつが語りかける戦争の記憶

　ダナン博物館では、ベトナム戦争当時の写真や、実際に使用された武器や衣服などが展示されています。中には被害にあわれた方の生々しい写真も展示されており、戦争の悲惨さを今一度知るきっかけになります。ベトナム戦争を知るなかで、「平和」を考える機会になることでしょう。

▲銃火器

▲銃弾

（この上陸から本格的な戦いが始まりました。）

▲米軍初上陸の様子

▲被害にあった子供たち

アクセシブルプラン ①
ダナン市内を観光とショッピングでエンジョイ！

移動手段
貸切タクシー
200万ドン
（日本円／10,000円）

- ハン市場
- レ・ズアン通り
- ダナン博物館
- ビンコムデパート
- ファムバンドンビーチ
- ダナン駅
- コン市場
- ミーケビーチ
- ダナン大聖堂
- ホテルエリア
- ←ダナン国際空港

静寂な空気漂う協会、賑や

エキゾチックな教会内

ダナン大聖堂は、淡いパステルピンク一色でインパクトは絶大！ダナン随一の写真スポットです。写真を撮る際には教会の上にいるニワトリが入るように写真を撮りましょう！ミサに参加すれば、内部見学も可能です。カラフルなステンドグラスがあって、外観も教会の中もフォトジェニック！ミサの時間に間に合わないときは、敷地内を散策するだけでも訪れる価値ありです。敷地内の床は比較的フラットで聖堂内へのスロープもあり車椅子での移動も可能です。

Access ツアースケジュール

9:30	10:00	11:00
ホテル発	ダナン大聖堂	ハン市場

12:30	17:30	19:00
ビンコムデパート （ショッピング＆ランチ）	ファムバンドンビーチ （サンセット＆夕食）	ホテル着

 Notes 散策注意事項

【ダナン大聖堂】
チャンフー通りに面する正面の門は、ミサの時間にならないと開きません。ミサ以外の時間は、教会の1本裏の通り（Yen Bai通り）の入口からに入場することができます。

【ハン市場】
人通りが多いので車椅子での移動には注意が必要です。

【ビンコムデパート】
館内にエレベーターはありますが、車椅子の方は、地下1階の駐車場からのエレベーターで2階に行くことをお勧めします。

ご活気あふれる市場。　この真逆なギャップをいっぺんに五感で満喫！

ハン市場のバナナの山

その後はハン市場でベトナム独特の雰囲気を味わいましょう。市場内は道がとても狭いですが、周辺にもお店が広がっており、市場内に比べ車椅子の移動もしやすいです。周りを散策したり、市場内を覗いてみるだけでも十分ベトナムの活気を味わうことができます。

崩れんばかりのシューズ！

ビンコムデパート

ビンコムデパートでは買い物、食事、遊びまでトータルで楽しむことが出来ます。お腹がすいたらそのまま4階にあるレストランへ。スイーツやカフェなど種類が豊富です。

ビーチに着くころはちょうどランチタイムのため、海沿いのレストランできれい

ファムバンドンビーチ

なロケーションを楽しみながら、地元でとれた新鮮な海鮮に舌鼓を打ってみるのはどうでしょうか。座席は外にもあるため、机にそのまま車椅子をつけながら食事をすることが可能です。

アクセシブルプラン ②
ベトナムカルチャーと歴史に触れる半日ツアー

移動手段
貸切タクシー
200万ドン
（日本円／10,000円）

- レ・ズアン通り
- ダナン博物館
- ビンコムデパート
- ファムバンドンビーチ
- ダナン駅
- コン市場
- ハン市場
- ミーケビーチ
- ダナン大聖堂
- ←ダナン国際空港
- ホテルエリア

ダナン市民になった気持ち

レ・ズアン通りはダナン市民が集う地元感漂う通りです。主にブティックが多く、他にも靴専門店やカフェなど種類豊富なお店が揃っています。また、ベトナムの文化を感じることが出来る色とりどりのアオザイの生地が売られいるお店や、ベトナム雑貨のお店など、日本では出会えないお店も数多く並んでいます。

若者に人気のレ・ズアン通り

自分のペースで買い物からランチ、休憩がてらにカフェに入ったり、自分の気になったお店を見つけて地元の文化に触れてみましょう。

目にも鮮やかなダナンファッション

Access ツアースケジュール

11:30	12:00
ホテル発	レ・ズアン通り（ショッピング＆ランチ・ティータイム）

15:00	16:00	16:30
ダナン博物館着	ダナン博物館発	ホテル着

Notes 散策注意事項

【レ・ズアン通り】
通りにはバイクが駐車されていたり、路面にでこぼこもあるので、車椅子の移動には注意が必要です。またお店の入口に段差がある所が多いので、介助が必要になるところがあります。

【ダナン博物館】
入館の際には、正面の階段を通行しなくてはなりません。車椅子での移動には介助が必要となります。

行中の段差に注意し、自分のペースでショッピングやランチを楽しもう！

エキゾチックな生地ショップ

出入り口に段差があるお店がほとんどですが、周辺にスタッフがいるので車椅子ユーザーの入店などのサポートをしてくれます。現地の人は思いやりのある人がたくさんいるので、困った時は是非声をかけてみましょう。これもチャレンジです。

ソフトドリンクにもぜひチャレンジを！

ダナン博物館野外に展示の大砲

ダナン博物館の敷地内には、19世紀阮朝の時代に活躍したグエン・チー・フォンの像や戦時中実際に使用された大砲やヘリコプターなどが展示されています。館内では3階建てになっており、1階はダナンの歴史、2階はベトナム戦争の歴史、3階は少数民族についての展示がされています。戦争の歴史を学ぶと共に文化も知ることのできる場所となっています。

実物の砲弾も展示のダナン博物館

22

アクセシブルプラン ③
ビーチで思いっきりリゾート！そして幻想的なランタンの街ホイアンへ

ビーチでの沢山の"やりたい

海岸へは車イスでもOK

ビーチでのランチ後に車椅子でもビーチに入れるように、現地で手軽な価格で購入することができるマットを使用し海岸まで移動。補助を得て海水浴にチャレンジ！ビーチには障がい者トイレもあります。有料ですがシャワー設備も完備してあります。ゆったりした時間を過ごしたり、様々なアクティビティ

紺碧の

Access ツアースケジュール

11:00	12:00	14:00	14:30
ホテル発	ミーケビーチ着 （ランチ＆海水浴とアトラクション）	ミーケビーチ発	ホテル着 （休憩タイム）

17:30	18:30	20:30	21:30
ホテル発	ホイアン着 （散策＆夕食）	ホイアン発	ホテル着

Notes 散策注意事項

【ビーチ景観】
ゴミやたばこのポイ捨ては厳しく取り締まっているため、違反をした場合は罰金などが科せられる場合があります。また、スリや置引きにも注意が必要です。

【ホイアン街中】
人通りが多いので、通行には十分気を付けてください。またスリも多いので持物には十分な注意が必要です。

を胸に海水浴にチャレンジ！"やってみたい"を"やってみる日"に！

ランタン照らすダナン市街地

歴史ある街並みと、通りを包む無数の幻想的なランタンの光を眺めて歩くだけでも非日常を味わうことができます。旧市街のトイレは基本的に高い段差があるので危険です。また基本的に身体障がい者用のトイレはないので、出発前にホテルでトイレを済ませることをお勧めします。

ダナンのスローフードにもチャレンジを

海鮮レストラン

を体験してダナンの海を満喫したあと、ホテルで休憩を挟んで夜のホイアンへ！

がるミーケビーチ

 移動手段

貸切タクシー
200万ドン
（日本円／10,000円）

24

アクセシブルプラン ④

時間に追われず 五感で愉しむ ローカルなひととき

手に触れる土の冷たさ、新鮮

五行山山頂からの眺望

午前中はホイアンへ向かう途中にある五行山へ行きます。五行山は、孫悟空が500年封印されていたという伝説残るパワースポットです。ここからはエレベーターを使ってダナン市街地を一望できます。頂上からの眺めは絶景です。五行山の観光後はやさい村でのランチタイム。

五行山エレベーター

Access ツアースケジュール

10:00	10:30	11:00	11:30
ホテル発	五行山着 (頂上からダナン市街地を眺望)	五行山発	ホイヤンやさい村着 (畑見学＆ランチ)

13:00	13:30	15:00	16:30
ホイヤンやさい村発	ホイアン陶芸の村着 (陶芸体験)	ホイアン陶芸の村発	ホテル着

Notes 散策注意事項

【五行山】
車椅子ユーザーはゲート2からチケット売場へ。山頂へはエレベーターで行けます。エレベーター前に階段がありますが、スロープを利用し介助してもらい移動しましょう。

【やさい村・陶芸の村】
道は基本的にフラットですが、歩きづらいところもあるので注意が必要です。

野菜に囲まれる時間。ホイアンで体感する異国文化の時間！

収穫のやさい村

やさい村では、日本でなかなか見ない目新しい野菜やハーブを見学することが出来ます。無農薬野菜を使用した料理教室や水やり、苗植え体験が魅力的！ここでホイアンの食文化に触れてみてはいかがでしょうか。

陶器村に向かう前にここのレストランでトイレに寄っておくことをおすすめします。

採れたて野菜が味わえるレストラン

ロクロ作業

陶器村では、よりローカルなろくろでの陶器作りや笛づくりを体験することができます。

笛づくりは机を使用するため、車椅子ユーザーも楽しめます。その場で作ったものはお土産として持ち帰ることもでき、思い出を形として残せることも魅力です。慣れ親しんだ日本での生活の視点を変えるきっかけになるのではないでしょうか。

オリジナルの陶器作品

移動手段

貸切タクシー
200万ドン
(日本円／10,000円)

26

松本大学調査班メッセージ

ガイドブック制作のねらい

　2011年3月、アジアで最も車いすで移動のしやすい都市として有名だった台湾・台北を調査して、「アクセシブル・ツーリズム　ガイドブックin台北」を発刊した。車いすのユーザーが知りたい情報をその目線で整理して伝えていく必要性を現地の福祉団体（エデン）と共有、「2冊のガイドブックをもって旅しよう!」という合言葉で、国際会議など紹介した。2冊とは、一般的な観光案内誌と当ガイドブックである。

　2014年3月、次は韓国・釜山を目指した。日本から一番近い海外の都市からの理由で、友達と一緒に気軽に手軽な旅行の可能性を探った。「ハードルを低くして充分、旅行可能」を証明した。

　そして今回3作目としてベトナム・ダナンを選んだ。最近、都市こそ注目されつつも車いすユーザーが自由に外出し、また旅行を楽しむ文化はいまだ未整備な都市である。情報を整理することでそこで生活している人の外出、旅行が進むことを目指すことを目的とした。もちろん、日本の車いすユーザーに向けた旅行のための情報整理としての目的は変わらない。

　現地にあるOnedana（株）のThang氏（代表者）は、長年障がい者雇用実践者である。日本企業との取引があり、ダナン市内にある3大学（ダナン大学、外国語大学、工科大学）で日本語を学ぶ学生が「Onedana Nihongo Club」で活躍している。今回はそのクラブと松本大学の学生調査チームと共同で計5チームの班をつくり、テーマ別（歴史・V-POP・世界遺産・ビーチ文化）で調査を行った。その調査の結果をガイドブックとしてまとめた。ダナンでは、Onedana（株）が同じ版を使ってベトナム語で翻訳して発刊する予定である。

調査の方法

▲「One dana Nihongo Club」事務所前
さあ〜これから調査へ!　日越共同調査!

ベトナム・ダナンの窓口

会社名:ONEDANA COMPANY LIMITED
住　所:17 Mai Hac De SonTra, Da Nang, VIETNAM
Ｔｅｌ: +84-236-3945333,　Ｆａｘ: +84-236-3945336
www.onedana.com　　info@onedana.com
代表者名:MR,VO NHU THANG（タンさん）

ダナンの アクセシブル・ツーリズム の特徴

1. ダナンの主な移動手段は貸切タクシー！

バス、電車の公共交通機関のアクセシビリティは現在のところあまり期待できない。従って、使い勝手の良い手段はタクシーである。お奨めしたいものは以下の16人用タクシー（ミニバス）である。車座席に移る必要はあるが、なんといっても広いため苦にならない。車種は、Ford社のTransitで、街中で目にする機会は多い印象である。

予約は、Banaway Travelへ
http://taxisieuredanang.com/
料金の目安は、ダナン市内12時間で140万ドン〜150万ドン（約7,000日本円）

2. ダナンのテーブルの高さは一般的に低い！

現地のレストランやコーヒーショップのテーブルは、一般的に低い。そのため、みんなで目線を合わせて食事をすることができる。車いすユーザーが一緒なら、なおさら都合が良い。狭い感はあるが一体感もあり、話しは盛り上がる。

3. お店の門番をうまく活用しよう！

お店の出入口で見張りをしている人やバイクの駐車料金を徴収する人にお願いすれば、快く応じてくれる人が多いダナンです。
少しの勇気をもって声を掛け合い楽しい旅に！

アクセシブルなツール

これまでの経験を踏まえて、旅先での便利なアイテム（必需品）2点を紹介します。

▼折りたたみスロープ

・電車等乗降用、施設内段差の解消
・耐荷重300KG（本体重量4kg）
・持ち運びに便利
・ワンタッチでセットアップ

▲入浴時チェア

・コンパクトサイズで持ち運び可能
・シャワーチェアまで準備してあるホテルは少ない現状

ご相談下さい。
その他にも「組み立て式多目的チェア」などアクセシブル・ツーリズムの際に携帯式の道具をご紹介できます。試しに使ってみたい時には貸し出しします。松本大学尻無浜研究室までご連絡下さい。

28

松本大学・One dana Nihongo club 共同調査班制作
アクセシブル・ツーリズムガイドブック in ダナン
2019年3月 初版第一刷発行

［編集］松本大学・One dana Nihongo club／アクセシブル・ツーリズムガイドブック in ダナン 共同作成調査班
［監修］尻無浜 博幸（松本大学 教授）
［制作］松本大学 バリアフリー・アクション（松本大学 尻無浜研究室）
　　　　E-mail:hiroyuki.shirinashihama@t.matsu.ac.jp

akari komatsu　小松 明莉

調 査を通じて、誰かにとってのバリアフリーは誰にとってのバリアになり得ると実感しました。車椅子ユーザーの"行ってみたい"という想いが"行ってみよう"と感じることのできるキッカケ作りのひとつとなれば幸いです。

kimiaki kobayashi　小林 王明

ベ トナムは魅力がたくさん詰まった所です。バリアフリーはまだまだこれからといったところですが、現地の人々は温かい人が多く、力を貸してくれます。このガイドブックがベトナムに触れるきっかけになればいいと思います。

tomoyasu kamoi　鴨井 朋康

初 めての海外で不安でしたが、現地のダナン外国語大学の学生さんに支援をいただき、無事調査を終えることができました。このガイドブックを通じて車イスユーザーの方がダナンへ行きたいと思っていただけるよう願っております。

aoi ichiyanagi　一柳 翠斐

初 めて海外を経験した中で自分が感じたバリアの他に、今回の調査を通して気付いた障がい者に対する現地でのバリアに対する様々な不安を取り除く為に、アクセシブル・ツーリズムの推進は重要であると思いました。

megumi ikeda　池田 愛美

私 は高校の時にアクセシブルガイドブックを実際に見て、作ってみたいと思ったことがきっかけで松本大学に入学しました。次はこの本で誰かがダナンを訪れるきっかけになってくれると嬉しいです。

バックナンバー

アクセシブル・
ツーリズムガイドブック
in台北
(2011年3月発行)

アクセシブル・
ツーリズムガイドブック
in釜山
(2014年3月発行)

[発行] 松本大学出版会
〒390-1295 長野県松本市新村2095-1
TEL.0263-48-7200(代)　FAX.0263-48-7290
http://www.matsumoto-u.ac.jp

[デザイン・レイアウト] 株式会社デザイン・カロ

※本書掲載の写真・図版・記事等の無断掲載、複製、転載を禁じます

定価／本体：600円（＋税）

ISBN978-4-902915-24-2

C0026　¥00600E

ほんの少しの勇気と好奇心があれば、きっと新しい世界に出会えるはず！

松本大学・One dana Nihongo club
共同調査班制作

アクセシブル・ツーリズムガイドブック

in ダナン

［編集］松本大学・One dana Nihongo club
／アクセシブル・ツーリズムガイドブック in ダナン共同作成調査班

定価／本体：600円（+税）

ほんの少しの勇気と
好奇心があれば、
きっと新しい世界に
出会えるはず！

INDEX

ダナン市街地エリア	3～7
ビーチエリア	8～11
ホイアンエリア	12～16
ダナン博物館	17・18
アクセシブルプラン1	19・20
アクセシブルプラン2	21・22
アクセシブルプラン3	23・24
アクセシブルプラン4	25・26
松本大学調査班メッセージ	27～30
ツーリズムガイドブックバックナンバー	30

松本大学・One dana Nihongo club
共同調査班制作

アクセシブル・ツーリズム ガイドブック

in ダナン

Đà Nẵng

松本大学出版会

［監修］尻無浜 博幸
（松本大学 教授）